想寫這本書的理由

この本を書こうと思ったワケ

說想寫這本書的理由之前，
先來說說我寫書的理由。
或許有人已經知道了。
這是我個人的故事。

この本を書こうと思ったワケの前に、
私が本を書こうと思ったワケを書きます。
もう、知ってる人もいるかもしれません。
これは、私のお話です。

想寫這本書的理由

私がこの本を書こうと思ったワケのワケ

到很多地方，看許多世界，結識許多人，吃很多美食，
接受很多刺激，總是尋找著自己所處的地方沒有的東西。

我超愛旅行。

喜歡上一件事會變得狂熱著迷，一進大學後，為了賺旅費而不斷打工。
接著七，八年來一直在旅行。
雖然很快樂，但次數過多的旅行對心理健康不太好。
只不過是為了逃避該做的事才去國外，還有因為不喜歡自己現在所處的地方。
當我開始對這樣的生活感到煩悶，想著也差不多該從「旅行」畢業了時，
第一次來到台灣。
和之前的長期旅行不同，這是人生中最短的四天三夜台北之旅。

たくさんの場所に行って、色んな世界を見て、人と知り合って
おいしい物を食べて、刺激をたくさん受けて、今いるココにはない物を探しに行く。

私は旅が大好きです。

好きな事に対して猛烈にシツコクて、大学に入った頃から、すぐに旅行の為にバイトばかり。
それで七、八年間ずっと旅行をしていました。
楽しかったけど、過度に回数を重ねた旅行は、精神的にはあまりイイコトではありません。
やるべき事から逃げるための国外脱出と、自分の今いる場所を好きになれない時間でした。

何だかなーと、こんな生活にウジウジし始め、
もう旅行も卒業しようと思い始めた頃、
初めて台湾へ。
それまでの長期旅行とは違って、人生最短三泊四日の台北旅行。

台北的第一天。
敦化南路×南京東路。
路旁的攤子。

第一次接觸的台灣人是路邊攤的阿姨。
直爽親切，面帶微笑，坦率自然。
或許我在這時已經開始有一點點喜歡台灣了。

半年之後開始在台灣生活。
託自在的台灣人的福，
我也開始變得很自在。
找到了一直不斷尋找的屬於自己的地方。

台北一日目。
敦化南路×南京東路。
道端の露店。

初めて接触した台湾人は、露店のおばさん。
気さくで、ニコニコしていて、自然でした。
私はその時台湾を好きになるカケラを見つけたかもしれません。

それから半年で台湾生活を開始。
自然な台湾人のお陰で
私も自然でいられるようになりました。
ずっと探していた自分の場所を見つけました。

快快樂樂台灣生活。
快快樂樂台灣生活。
啦啦啦～。
啦啦啦～。

楽しい楽しい台湾暮らし。
楽しい楽しい台湾暮らし。
らんらんらん。
らんらんらん。

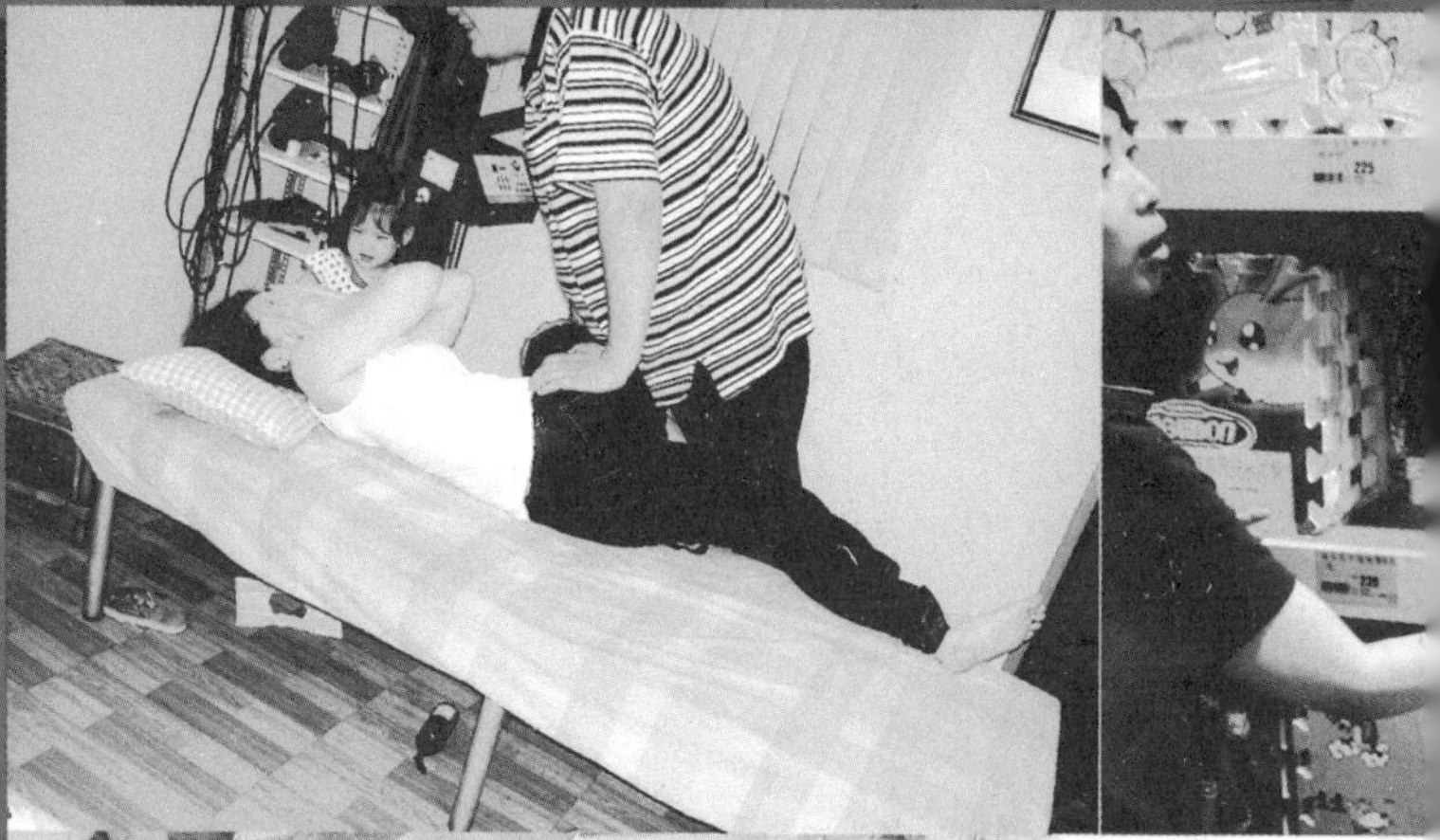

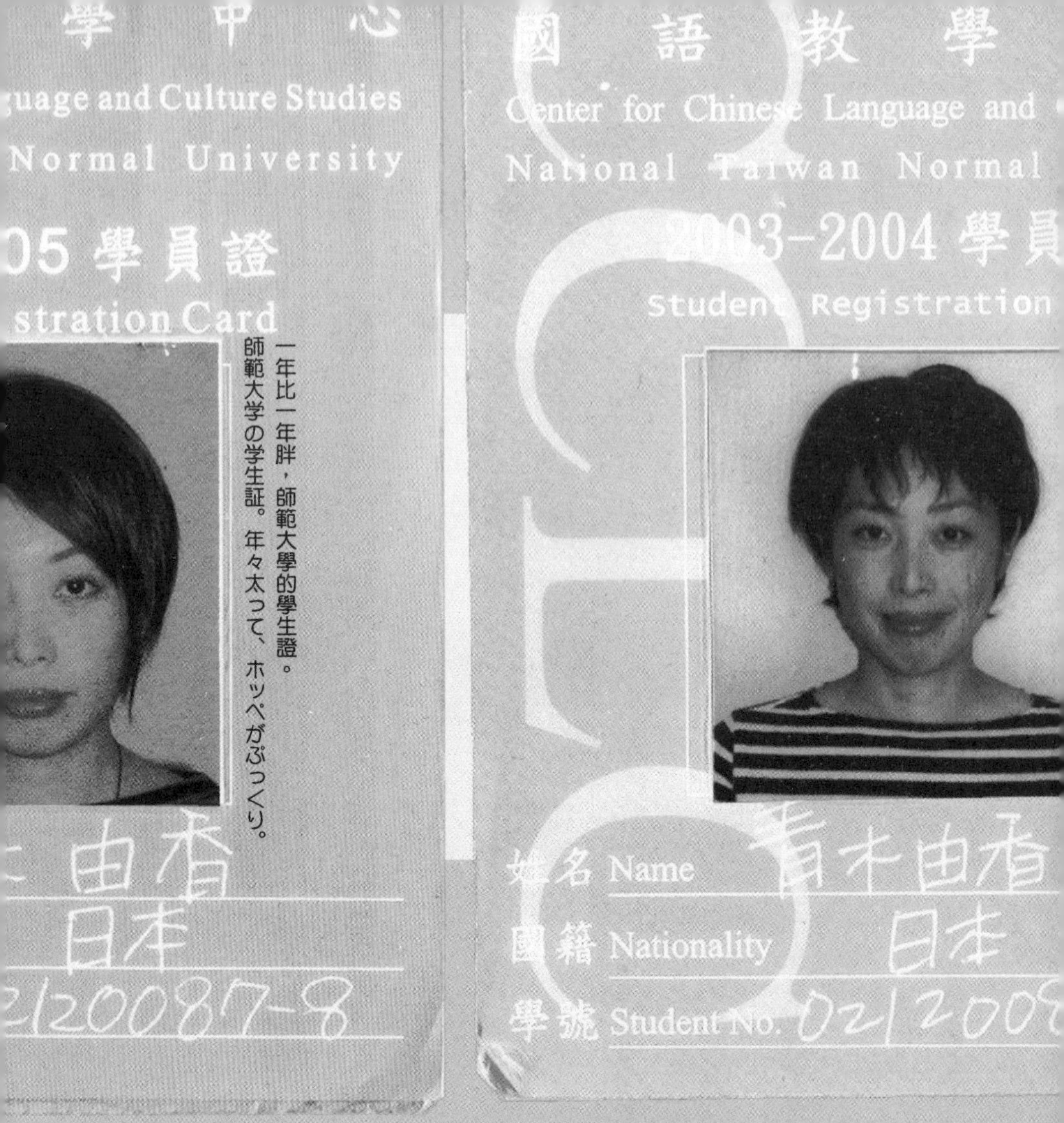

一年比一年胖，師範大學的學生證。
師範大学の学生証。年々太って、ホッペがぷっくり。

半年後。SARS流行。
在日本的家人的強迫下，
我決定幾天後就回國。
因為不想回去日本，
在回去之前，每天每天一直哭，
每天每天被台灣人的送別宴攻擊，
哭完吃、吃完哭、哭完吃、
吃完又哭……
我的臉完全膨脹，
變成像饅頭一樣。

「台灣特產的饅頭喔！」

帶著台灣的特產我的饅頭臉回去，
母親和朋友們覺得毛骨悚然，
被批評到最高級。

最後在照片處貼上小豬貼紙也沒有穿幫。
最後は照明写真が豚のシールでもバレなかった。

半年後。SARS流行。
日本の家族から帰国を強いられ、
帰国を決意。
それが嫌で、帰るまでの間
毎日毎日泣いて、
毎日毎日台湾人に
お別れの御馳走攻撃を受け、
泣いて、食って、泣いて、食って、
泣いて……
私の顔はすっかり膨れ上がって、
饅頭みたいになりました。

「台湾特産の饅頭だよ！」

お土産に持ち帰った私の饅頭ヅラは、
母や友人に不気味がられ
最高に不評。

朋友發明的鮮奶油超濃的ㄉㄨㄞㄉㄨㄞ杏仁豆腐。
其他還有烏龍茶餅乾和烏龍茶起司蛋糕。

友達が発明した生クリームたっぷりの
ぷるぷる杏仁豆腐。この他にも烏龍茶
クッキーや烏龍茶チーズケーキがあった。

東方美人茶

沁園茶房
XINYUAN TAIPEI

我寫的LOGO，很厲害吧。
私が書いたロゴ。うまいでしょ。

因為付不出房租，朋友趁我不知情時擅自把店關了。
現在只在網路上經營。

家賃が払えなくなって知らない間に友達が潰してた。
今はネットショップのみ経営中。

撿來的古早電話。對方的聲音聽起來很小聲。
拾った古い電話。相手の声が小さく聞こえる。

從永康街的沁園拿到的繡球吊飾。
永康街の沁園からもらったぼんぼり。

土牆也是我們自己塗的。
土壁も左官した。

回到日本後，還是很想回台灣，
很想和台灣建立什麼關係，不能什麼都不做。
把不要的東西賣掉，集資籌措資金，
和朋友在名古屋開了一家台灣的茶藝館。
店的圖案、menu、販賣商品、內部裝璜、
水電瓦斯的施工，全部自己DIY的店。
為了開發店裡的點心不斷試吃，
每次一想起來，就會哭著想回台灣，
臉還是處於饅頭狀態。
看來，不回台灣臉是無法變回原形！

三個半月後。
SARS總算被控制住，向日本道聲「別了」，
也為了跟饅頭臉告別，又回到台灣來。

不久後，日本來了一通電話。

拜託朋友做的桌子。
然後自己上色。
友達に作ってもらったテーブル
色は自分たちで塗った。

來的桌腳很低的茶几改造成的展示台。
拾った低いお膳の脚を変えてディスプレイ台にした。

這也是撿來的。
これも拾った。

重新鋪上從大型建材行買來的木板。所以不平。
客人得小心不要跌倒才行。
アウトレットの建築材屋で買って来た床材で
床も張り替えた。だから水平じゃない。
客に転ばないように注意しないといけない。

解体工事現場から拾ってきた棚。
從拆解工地現場撿來的架子。

用絹布製版印了台灣茶Ｔ恤，希望能賺錢。
台湾茶Ｔシャツで儲けようとシルクスクリーンで作った。

日本にいても、台湾に戻りたくって
台湾と関係を作りたくってジッとしていられません。
要らない物を売り、お金を集めて資金を作り
友達と名古屋に台湾式の茶芸館を開きました。
お店のロゴも、メニューも、商品構成も、内装工事、
電気ガス水道の工事も全部手作りのお店です。
店のデザートの開発のため試食をし続け、
思い出す度にまた台湾に戻りたいと泣くから、
顔はまだ饅頭状態。
これでは、台湾に戻らないと顔が元に戻らない!

三ヶ月半後──。
SARSもおさまり、日本に「あばよ」と別れを告げ、
饅頭の顔にも別れを告げるために台湾に戻って来ました。

しばらくすると、日本から一本の電話が入りました。

「怎麼辦啦，都是妳害的！」

名古屋的店完全沒有賺錢的抱怨電話。

朋友很生氣。

對我生氣能怎麼樣呢……

我也是因為想到將來又回到日本時，想和台灣保有連繫才想開店的啊。

真是頭痛啊。

啊啊啊……

離開台灣的一天總是會再次來到的。

頭痛啊。

頭痛啊。

比起店裡的虧損還要頭痛百億倍。

這麼一來回日本後，再也不能期望能花別人的錢來台灣了。

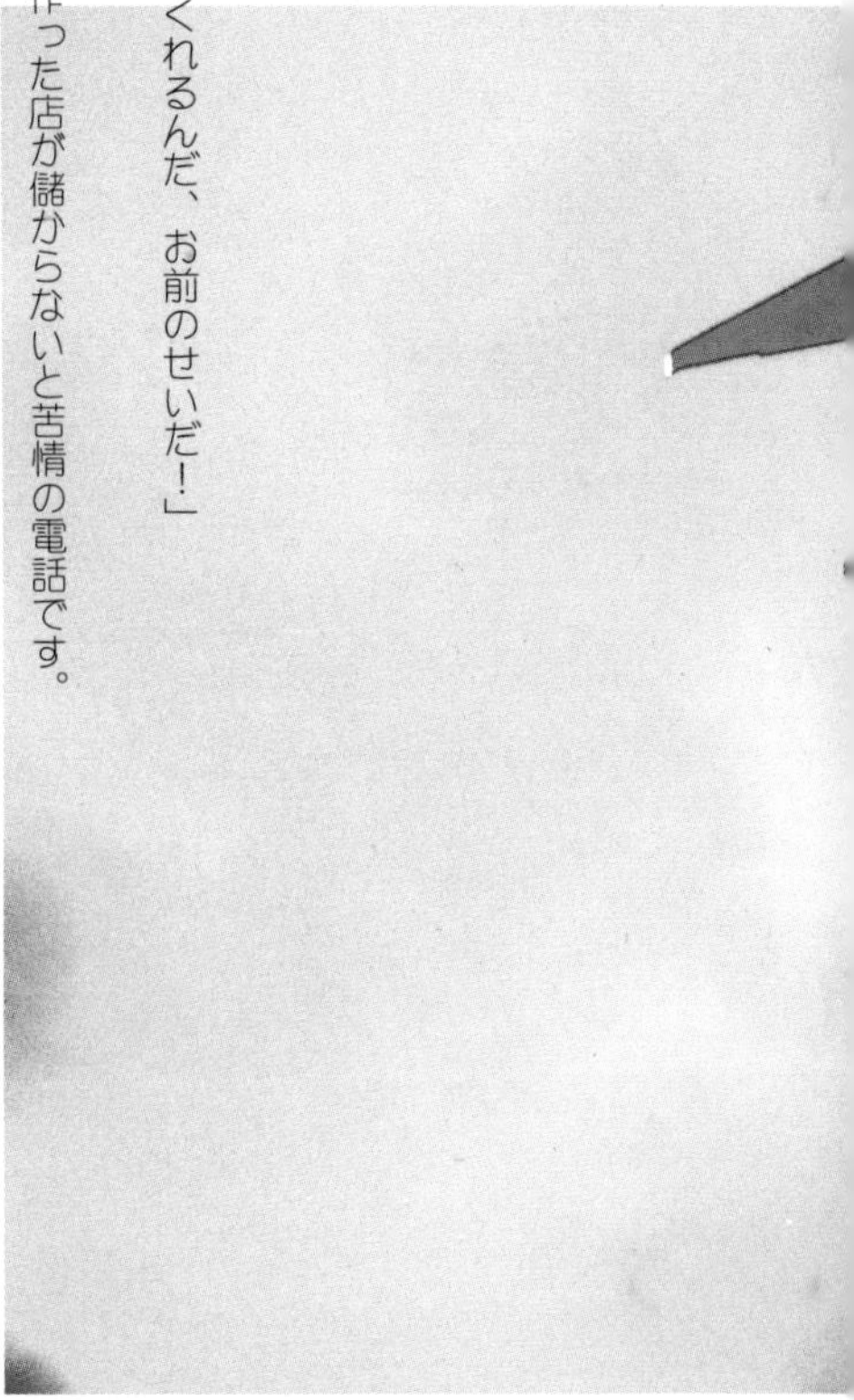

「どうしてくれるんだ、お前のせいだ！」
名古屋に作った店が儲からないと苦情の電話です。
友人は怒っています。

そう言われてもねぇ…。
私だって、また日本に戻った時に台湾との繋がりが欲しくてやったのよ。
困ったもんだ。
あーあぁ…

また台湾を去る時は、いつか必ずやって来ます。

困ったもんだ。
困ったもんだ。
店の赤字より、百億倍困ったもんだ。

これじゃあ日本へ帰国してから、人のお金で台湾に来るチャンスは望めないじゃない。

很多台灣人對我很親切。
但是，離開時卻因中文很差，無法用自己的話道謝。
每次都有人請我，但因為對方人太多無法一一回報。
我會做的事只有畫畫、拍照。
啊！有好主意。
就用這些來向日本人介紹台灣吧。
告訴大家我看到的台灣的魅力吧。
這樣不但可以當成回禮，也是一種工作。

這麼想後開始向日本的雜誌社推銷。
當然寫文章一事我完全沒經驗。
因為和台灣相遇，讓我想寫書。
寫東西的工作是台灣給我的新工作。

於是，我開始寫書了。

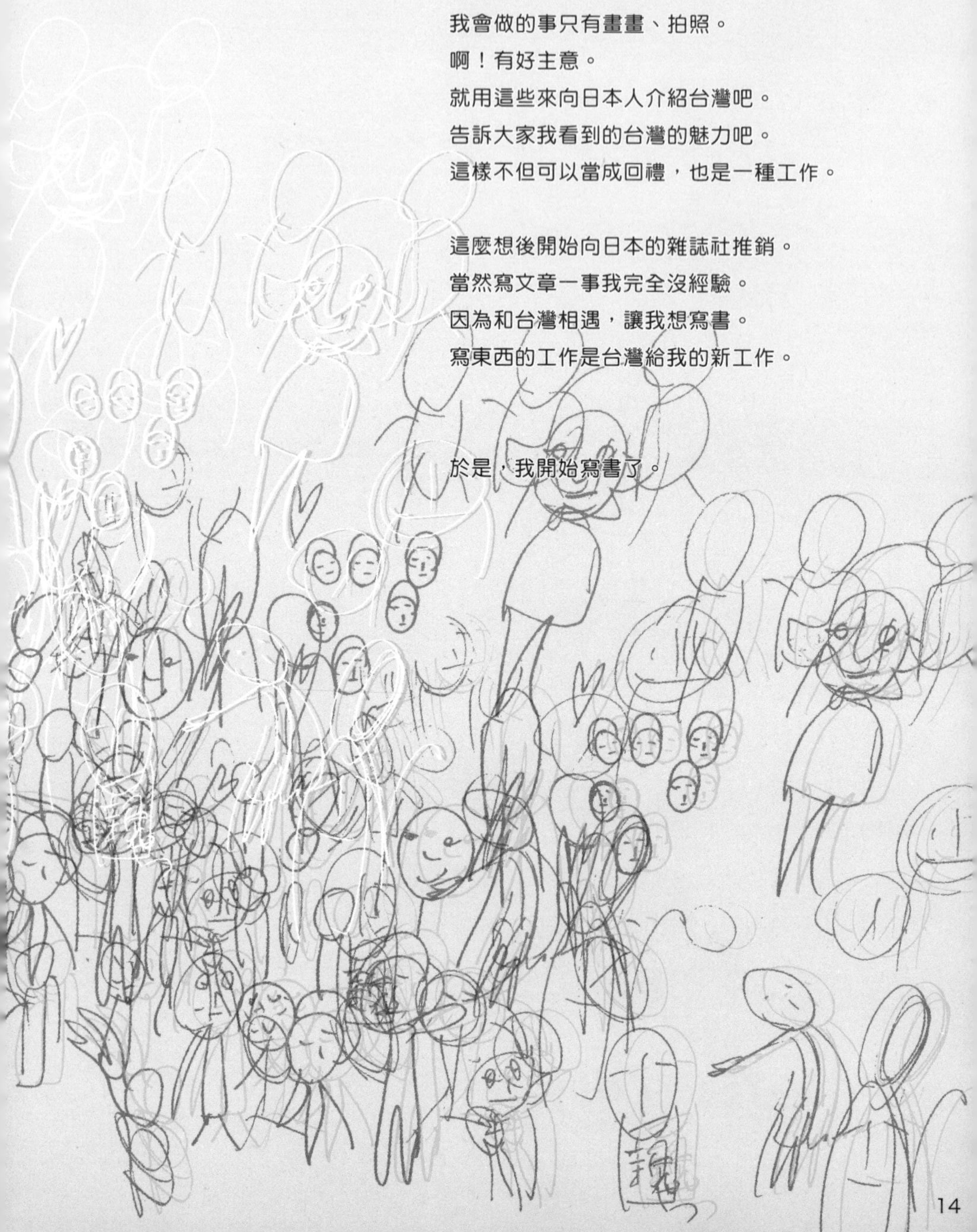

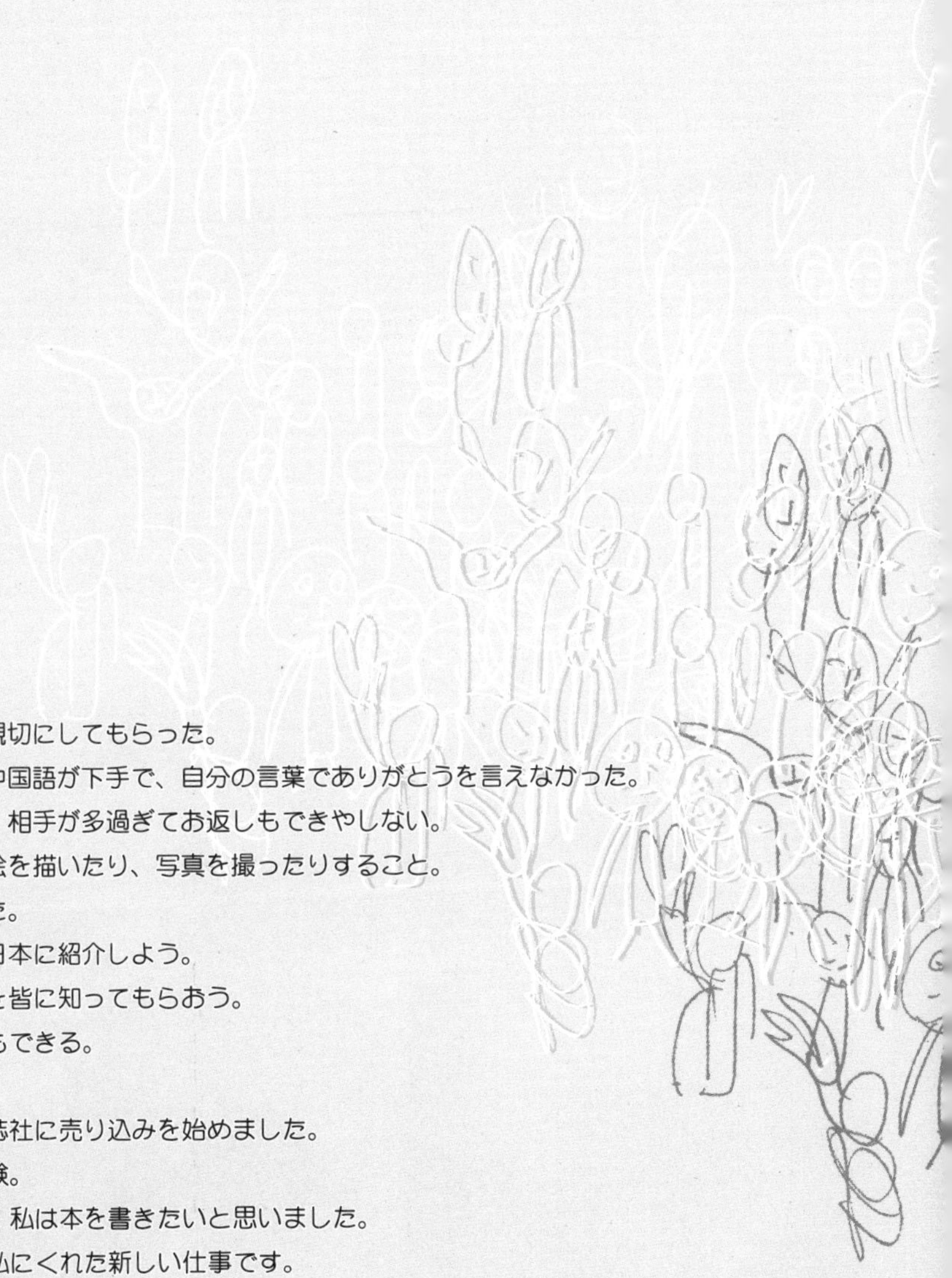

たくさんの台湾人に親切にしてもらった。
でも、お別れのとき中国語が下手で、自分の言葉でありがとうを言えなかった。
奢ってもらったのに、相手が多過ぎてお返しもできやしない。
私ができることは、絵を描いたり、写真を撮ったりすること。
はっ！イイコト考えた。
これを使って台湾を日本に紹介しよう。
私の見た台湾の魅力を皆に知ってもらおう。
お礼もできて、仕事もできる。

そう思って日本の雑誌社に売り込みを始めました。
文章はもちろん未経験。
台湾に出会ったので、私は本を書きたいと思いました。
書く仕事は、台湾が私にくれた新しい仕事です。

こうして、私は本を書くようになりました。

找出版社

找出版社實在是很困難。

・日本人討厭不知道來頭的人。
日本人似乎害怕沒有經驗的人，不想用他們。

～很困難的原因～

・去出版社推銷，卻沒有準備好寫好的文章和企畫書，什麼都沒有。
腦裡雖然有許多想法，
但太過用力製作介紹自己的資料，
反而沒有力氣去做最重要的東西。

・嘔心瀝血作出自己的資料卻有問題。
只是光把自己能做的事列出來，看不出和出版有關係，
做木工、做T恤、節儉旅行、腳底按摩、
染布作品等全部列出來的資料。
到底應該要讓這個女人做什麼呢？編輯似乎很困惑。
通往出版的路會變得很遙遠，六成是自己的錯。

給出版社的賄賂品其一。

出版社へのワイロ其の1。

把迪化街買的大蒜味花生、蝦米、花茶重新包成可愛的小包裝。

迪化街で買ったニンニク味ピーナッツ、桜蝦、花茶を可愛くパッケージした。

寫滿了工木等經驗想推銷自己的小冊子，共20頁。

大工仕事等を載せた売り込み資料の小冊子、全20ページ。

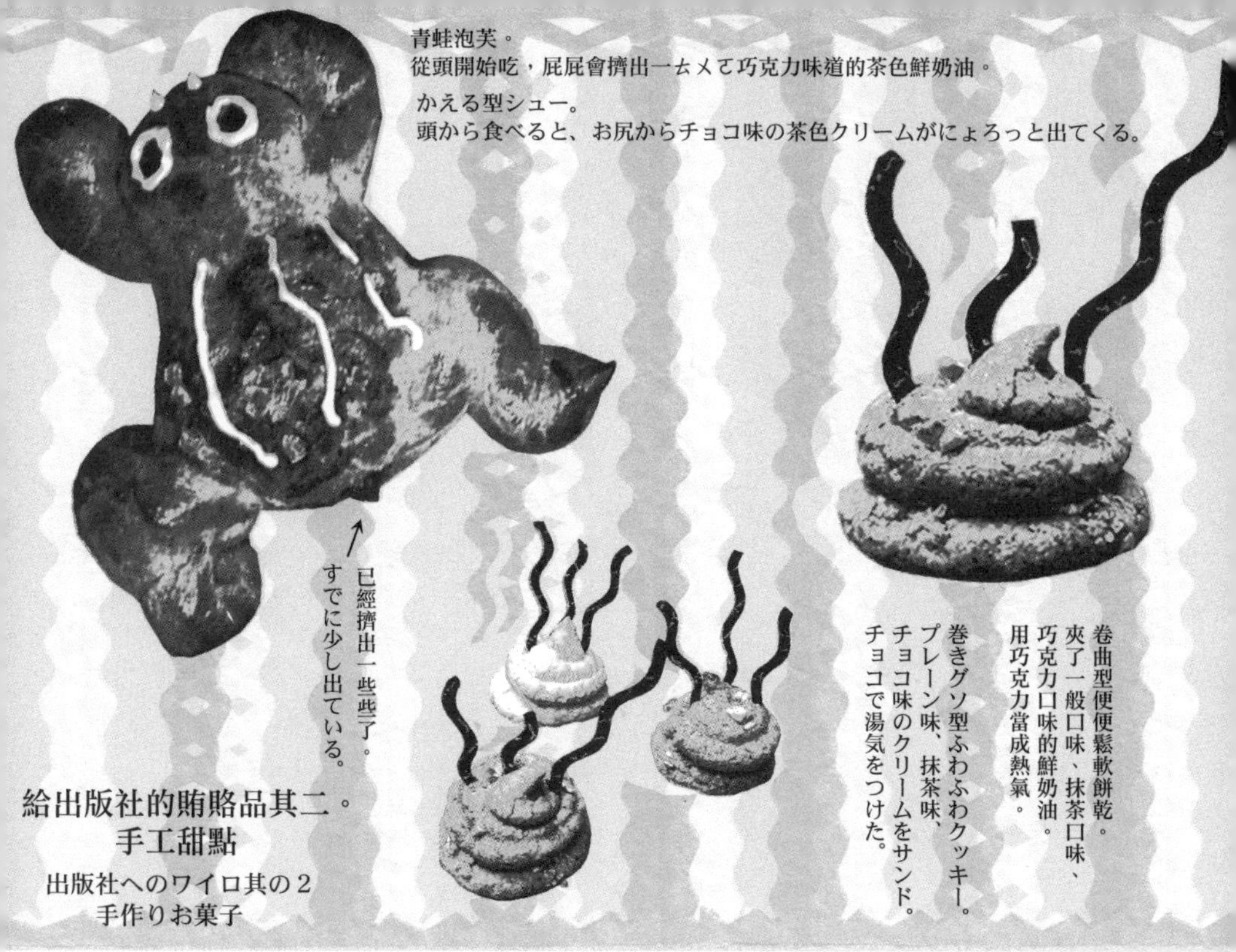

青蛙泡芙。
從頭開始吃，屁屁會擠出一ㄊㄨㄟ巧克力味道的茶色鮮奶油。
かえる型シュー。
頭から食べると、お尻からチョコ味の茶色クリームがにょろっと出てくる。

卷曲型便便鬆軟餅乾。
夾了一般口味、抹茶口味、
巧克力口味的鮮奶油。
用巧克力當成熱氣。
巻きグソ型ふわふわクッキー。
プレーン味、抹茶味、
チョコ味のクリームをサンド。
チョコで湯気をつけた。
給出版社的賄賂品其二。
手工甜點
出版社へのワイロ其の2
手作りお菓子

出版社探し

出版社探しはナカナカ難しかった。

~難しかったワケ~

・日本人は、知らない人が嫌い。
経験がない人は、やっぱり恐くて使いたくないみたい。

・売り込みなのに、書き上げた原稿も企画書も何も持っていない。
アイディアは頭の中にあったけど
自分の資料を作るのに力を入れ過ぎて
一番重要な物を作ってる余力がなかった。

・苦労して作った自分の資料に問題あり。
自分にできることを書き並べたら、出版とは関係ない、
大工仕事、Tシャツ制作、貧乏旅行、足裏マッサージ、
染色作品を羅列した資料ができた。
この女、一体どう使えばいい？と編集者を戸惑わせたみたい。
出版までの路が遠のいたのは、6割は自分が悪かった。

但是，台灣卻有不把這事當成問題的出版社，
讓我在台灣出版了『奇怪ね—：一個日本女生眼中的台灣』。

這本書原本是打算向台灣人回禮的，結果又受到台灣人的照顧。還是應該要在日本出版介紹台灣的書才是。不然光是我自己一人獲益良多。

背著『奇怪ね—』回國。

出了一本書後，在日本變得不奇怪了ね。
於是，又誕生了『台灣你好本子：或許能和台灣人成為好朋友的旅遊書』。

『台灣你好本子』裡主要收錄了我常去的地方和至今為止日本的旅遊書裡沒有介紹過的，我的朋友們的店。
「這樣寫歐吉桑會高興嗎？」或
「語言不通要怎麼辦呢？」等等
為了日本人而寫的書，卻總是想著台灣。
不管了，先以日本為對象來寫，
之後，再寫書拜託台灣人多關照日本人就行了吧。
要是不能成為朋友，反而吵架的話就頭痛了。

だけど、こんなことを屁とも思わない出版社が台湾に存在し、
台湾で『奇怪ね－：一個日本女生眼中的台湾』を出させてもらえた。
だけど、台湾人にお礼をするつもりが、また台湾人にお世話になってしまった。
やっぱり、日本で台湾を紹介する本を出さねば。自分ばっかりいい思いしてる。

『奇怪ね－』を背負って帰国。

一冊本を出したら、日本で怪しまれなくなった。
で、『台湾ニイハオノート：台湾人と仲良くなれるかもしれないガイドブック』が生まれました。

『台湾ニーハーノート』は、私がよく行く所や今まで日本のガイドブックに載っていない知り合いのお店の事がメイン。
「コレ書いたらおじさん喜ぶかな?」とか
「言葉通じないのにどうするかな?」とか
日本人のために書いた本なのに、台湾のこと考えてばっかり。
なんなら、とりあえず日本向けに書いて
あとで、台湾人に日本人をよろしく頼むよって、書けばいいか。
友達にならずに喧嘩したら困るもんな。

さんくす

有失禮的日本人啊
也有奇怪的台灣人啊
地球上盡是些令人頭痛的傢伙。
為了保護台灣人，
為了保護日本人，
為了不要被大家罵，
才寫了這本書。

失礼な日本人もいるしさ
困った台湾人もいるしさ
地球上には困った奴ばっかりだ。
台湾人を日本人から守るため。
日本人を台湾人から守るため。
私が皆から叱られないため、
この本を書きました。

母 あおきゆみこ

あおきゆかの製作物に間違いが多いので、
あおきゆか製作責任者として素人の校正をしてくれて
ありがとう。

跳舞編輯（沛倫）&韓姐
對於我的奇怪要求，像是把書分成五小冊、
做成釘書、二色印刷等等照單全收。

黃碧君
丟棄譯者的專業，努力思考青木式中文。

天野朗子小姐
原本是我的書的讀者天野，
為本書進行日文專業的校正工作。

きんじょのカエル

朝6時まで仕事しても、
すっごい大っきい声で鳴いて
9時には起こしてくれてありがとう。

ちょン

追い込みの時期、集中力の為に毎日板チョコを1枚食べた。
地獄にオアシスをありがとう。

たいわん茶

おいしい上に、
睡魔から救ってくれてありがとう。

すぺしゃ

「奇怪ね－」
「台灣你好本子」
「麻煩ね－」
日台趣味文化交流三部作完成！

台灣政府未承認
臺灣政府未公認
臺灣1人觀光局
局長 青木由香
あおきゆか

おどるへんしゅうしゃ あんど はんじぇ

5冊に分けたいとか、ホチキス止めの本にしたいとか、
2色刷りにしたいとか、変な要望を全部叶えてくれて
ありがとう。

老媽 青木由美子
因為青木由香製作的東西錯誤很多，
以生產青木由香的負責人身份，幫忙業餘的校正。

附近的青蛙
即使工作到早上六點，總會在九點大聲叫我起床。

巧克力
趕稿期間，為了專注於工作，
每天吃一大片裝巧克力，簡直是地獄中的綠洲。

台灣茶
不但好喝，還將我從睡魔手中拯救出來。

ばーじゅん

翻訳者としてのプライドを捨て、
青木流中国語を使うように考えてくれて
ありがとう。

あまのさん

もとは私の本の読者だったあまのさん。
日本語のプロフェッショナルな校正を請け負ってくれて
ありがとう。

附錄

video blog＜青木由香的台灣一人觀光局＞的拍攝。　＜台北寫真館 1981＞www.1981taipei.com
eo blog＜青木由香の台湾一人観光局＞http://www.aokiyuka.com/ にて撮影の様子がご覧になれます。

step33
三十一頁
変身写真の結果

10550 台北市南京東路四段25號11樓

廣	告	回	信
台灣北區郵政管理局登記證			
北台字第10227號			

大塊文化出版股份有限公司 收

請沿虛線撕下後對折裝訂寄回，謝謝！

地址：□□□□□ ＿＿＿＿市／縣＿＿＿＿鄉／鎮／市／區

＿＿＿＿＿＿路／街＿＿段＿＿巷＿＿弄＿＿號＿＿樓

大塊 LOCUS 文化

編號：CA131 書名：麻煩ㄋㄟˋ

大塊 LOCUS 文化 讀者服務卡

謝謝您購買本書！

如果您願意收到大塊最新書訊及特惠電子報：

一 請直接上大塊網站 **locus**publishing.com 加入會員，免去郵寄的麻煩！

一 如果您不方便上網，請填寫下表，亦可不定期收到大塊書訊及特價優惠！
請郵寄或傳眞 +886-2-2545-3927。

一 如果您已是大塊會員，除了變更會員資料外，即不需回函。

一 讀者服務專線：0800-322220；email: locus@locuspublishing.com

姓名：______________________ **性別**：□男 □女

出生日期：_____年_____月_____日 **聯絡電話**：____________________

E-mail：____

從何處得知本書：1.□書店 2.□網路 3.□大塊電子報 4.□報紙 5.□雜誌
6.□電視 7.□他人推薦 8.□廣播 9.□其他

您對本書的評價：
(請填代號 1.非常滿意 2.滿意 3.普通 4.不滿意 5.非常不滿意)
書名_____ 內容_____ 封面設計_____ 版面編排_____ 紙張質感_____

對我們的建議：____